Vendredi, jour de défi

Pour certains, la lecture représente un grand défi…
www.soulieresediteur.com

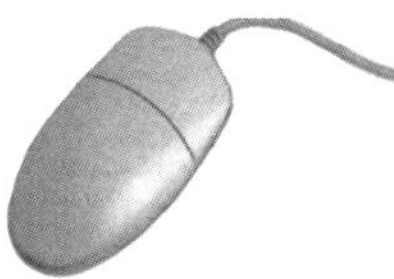

Vendredi, jour de défi

un roman écrit par
Danielle Simard
et illustré par **Caroline Merola**

case postale 36563 — 598, rue Victoria
Saint-Lambert (Québec) J4P 3S8

Soulières éditeur remercie le Conseil des Arts du Canada et la SODEC de l'aide accordée à son programme de publication et reconnaît l'aide financière du gouvernement du Canadapar l'entremise du Fonds du livre du Canada (FLC) pour sesactivités d'édition. Soulières éditeur bénéficie également du Programme de crédit d'impôt pour l'édition de livres – Gestion Sodec – du gouvernement du Québec.

Dépôt légal: 2014

Catalogage avant publication de Bibliothèque et Archives nationales du Québec et Bibliothèque et Archives Canada

Simard, Danielle, 1952-
    Vendredi, jour de défi
    (Collection Ma petite vache a mal aux pattes ; 127)
    Pour enfants de 7 ans et plus.

    ISBN 978-2-89607-269-9

    I. Merola, Caroline. II. Titre. III. Collection : Collection Ma petite vache a mal aux pattes ; 127.
PS8587.I287V46 2014   jC843'.54   C2014-940341-0
PS9587.I287V46 2014

Conception graphique de la couverture:
Annie Pencrec'h

Logo de la collection:
Caroline Merola

À tous ceux qui se montrent
parfois peureux.

Chapitre 1

Le maringouin écrasé

Je suis en train de perdre ma blonde. Jérémie dit que c'est normal. Que les garçons comme lui et moi ne devraient jamais choisir Gabrielle Labrie, la plus belle fille de l'école. Peut-être, mais je pense que ce qui m'arrive est de la faute de madame Odile et de monsieur Éric. Ces deux profs-là n'auraient jamais dû nous emmener en classe verte.

On appelle ce genre de semaine « classe verte » parce qu'elle se déroule dans une sorte de camp en forêt. Mais « classe brune » serait plus juste. Ici, on fait surtout de l'exercice physique en plein air. Sauf qu'avec toute la pluie tombée en mai, on pourrait dire en pleine boue !

Verte ou brune, peu importe. Si nous étions restés dans notre vraie école, Gabrielle me trouverait encore le plus gentil, le plus intelligent... Tandis qu'ici, je suis le plus nul.

— Allez, Julien, monte ! me crie un des moniteurs d'escalade. Regarde les autres ! Ils sont rendus en haut !

Comment font-ils pour grimper le long d'une falaise aussi lisse ? Auraient-ils des mains ventouses ? Pourquoi suis-je aussi différent d'eux ?

Mes doigts glissants n'osent pas prendre de risque. Ils restent accrochés dans les seules failles qu'ils ont atteintes. Mes pieds ne valent pas mieux. Ils refusent de quitter les premiers appuis qu'ils ont trouvés. Par malheur, mes quatre points d'ancrage sont aussi éloignés que possible l'un de l'autre. Mes jambes et mes bras sont tellement écartés qu'ils en tremblent. Le nez collé au roc, j'écoute mes vêtements craquer.

— Julien, tu n'as grimpé qu'à un mètre du sol. Regarde : il y en a qui redescendent !

Bon, je ne suis quand même pas peureux. J'arrive à décoller mon nez de la falaise pour regarder vers le haut. La tête me tourne. Mes doigts bleuis s'agrippent davantage à leur petite niche. Après tout, il se pourrait que je sois peureux...

Attachés à leurs cordages colorés, les autres membres de mon équipe montent ou descendent comme des araignées au ralenti. Mais pas Steve Malette. Lui, il a toujours l'air d'un hippopotame, ce qui ne l'empêche pas

de caser ses grosses pattes dans
de minuscules endroits. Même
les mastodontes battent Julien
Potvin à l'escalade !

Mégane Dubois me dépasse
en redescendant. Elle finit l'exer-

cice les doigts dans le nez. Bien sûr, c'est encore une façon de parler. Ça veut juste dire que c'était facile pour elle. Rien d'étonnant ! Mégane est forte dans tous les sports. Lucie Ferland a plus de mal, mais elle amorce sa descente.

Samir Balhoul aurait sans doute pu monter et descendre deux fois déjà. Il est encore meilleur que Mégane. Mais il prend le temps d'aider Gabrielle Labrie. Ça me met le coeur en compote de les voir revenir vers moi, côte à côte. J'entends Samir indiquer à ma blonde où mettre les pieds et les mains. Elle suit ses instructions en souriant.

À quoi ont pensé Odile et Éric en formant leurs équipes pour la classe verte ? Pourquoi m'ont-ils jeté parmi les Cougars ? Oui,

notre équipe s'appelle comme ça, bien qu'elle soit formée d'un tigre (Samir), d'une gazelle (Mégane), d'un singe (Lucie), d'un lynx (Gabrielle) et d'un hippopotame (Steve). Alors, qu'est-ce qu'un petit rat de bibliothèque comme moi fait là ?

Nos profs auraient dû créer une équipe spéciale avec les

« comme moi ». Entre nuls en sport, on n'aurait jamais su à quel point on était poches. Mais ils n'y ont pas pensé...

Dire que je me réjouissais d'être chez les Cougars, parce que Gabrielle en faisait partie. Quel idiot ! Si ma blonde se trouvait dans une autre équipe, elle ne me verrait pas, ici, maintenant. Je n'ai même plus l'air d'un rat. J'ai l'air d'un minable maringouin écrasé contre la roche.

— Bon, Julien, tu peux redescendre, soupire le moniteur derrière mon dos.

Redescendre, mais comment ? Je regarde sous moi, à la recherche d'un nouvel appui quand j'entends un second soupir, plus profond.

— Tu n'as qu'à lâcher prise et sauter.

Aïe ! Je ne me suis pas donné assez d'élan. Mon nez a frotté contre le rocher. Le voilà qui saigne dans mes doigts. Tout le monde me regarde avec pitié. Au même moment, Lucie touche enfin le sol en criant de joie. Elle nous observe à tour de rôle et s'exclame :

— Bravo, les Cougars ! On n'a qu'un seul blessé !

Elle me tape sur l'épaule en ajoutant :

— On sait que tu n'as peur de rien, Julien. Mais fais attention, tu prends trop de risques !

Cette fois, toute l'équipe s'écroule de rire. Même les moniteurs. Elle a raison, je suis le seul blessé. Au nez, mais surtout à l'orgueil. Il me reste tout de même une fierté : j'arrive à retenir mes larmes. Ce qui est un exploit !

— Ne fais pas cette tête, Julien, dit Lucie. C'était juste pour rire.

— Quand on rit de moi, je trouve ça moins drôle.

— Oh, force-toi un peu !

Elle sort un mouchoir de son sac et essuie le sang sur mon nez. Quant à ma blonde, elle fait comme les autres. Elle ramasse ses affaires et accompagne les moniteurs vers le camp. Il ne reste que Lucie et moi.

— Tu n'aimes pas la classe verte, hein, Julien ?

— Mets-toi à ma place ! À la course à obstacles, je me suis pris les pieds dans chaque obstacle. J'ai fini par peser une tonne avec mes deux cents couches de boue. Au tir à l'arc, je n'ai pas réussi à lancer une seule flèche. À la souque à la corde, Steve était tellement occupé à tirer qu'il m'a piétiné sans s'en apercevoir. Puis, aujourd'hui...

— Tu as oublié hier, quand tu as perdu ta pagaie, en kayak...

— Pas besoin d'en rajouter, veux-tu ?

— Courage, Julien ! s'écrie Lucie en souriant. Mercredi est

presque terminé. Il ne reste que jeudi et vendredi matin.

— Oui, mais demain, on doit faire l'hébertisme aérien. Ce sera la pire journée, je le sais !

Chapitre 2

La poule mouillée

Le pire, c'est quand on a prévu le pire et qu'il arrive. Je ne me suis pas trompé pour ce jeudi. C'est la pire des journées ! Tous les Cougars avaient super hâte de voler de branche en branche, sauf moi. Je trouve que le ciel, c'est pour les oiseaux. L'eau, pour les poissons. Les humains, eux, devraient garder leurs pieds sur terre.

Et encore... la terre, c'est salissant. En fait, je préfère les planchers créés par l'Homme. En bois, en céramique, en ciment. En tapis, surtout.

Mais l'attraction de ce foutu camp, c'est son parcours d'hébertisme aérien. L'enfer ! Il m'a fallu grimper sur d'interminables échelles de corde. Il m'a fallu avancer sur des sentiers suspendus qui ondulent comme des vagues. Il m'a fallu marcher au-dessus des arbres sur des poutres à peine plus larges que mon pied. Il m'a fallu ramper sur des filets où il y avait beaucoup plus de trous que de corde. Ce qui permet de bien voir jusqu'où on pourrait tomber !

N'empêche que j'ai réussi à suivre les autres, les yeux à moitié fermés et les dents serrées... Jusqu'à ce qu'on arrive sur cette plate-forme dressée très haut dans le ciel. Se trouver là est déjà assez terrible. Mais ça ne suffit pas. Un moniteur nous apprend qu'on doit se lancer au-dessus du vide !

Après avoir enfilé un harnais, on s'attache à une sorte de poulie et on se laisse glisser le long d'un câble. Ils appellent ça la tyrolienne.

En dessous de nous, les sa-
pins dressent leurs pointes telles
des lances. La tête me tourne
plus que jamais. Mes jambes
deviennent toutes molles. Je ne
suis plus un rat de bibliothèque
perdu chez les Cougars. Avec la
sueur qui me coule partout, je me
sens comme une poule mouillée
jetée dans la gueule du loup.

On nous conseille de prendre un élan capable de nous propulser jusqu'à la plate-forme d'arrivée. Cette dernière nous fait face, à l'autre bout du câble. Beaucoup trop loin à mon goût !

Un moniteur se lance en premier pour nous donner l'exemple. Je serai le quatrième. Lucie, Samir, puis Gabrielle s'envolent à tour de rôle, riant et criant tout en même temps. Je les vois filer sans les voir. Mon cerveau tourne plus vite qu'une lessiveuse au moment de l'essorage. Y aurait-il un moyen de fuir ? Ou encore d'arrêter le temps ?

Trop tard ! Le moniteur me prend en charge. Il vérifie mes attaches quand Steve s'écrie :

— Julien est en train de mourir de peur ! Faut l'encourager ! Allez tout le monde : Julien ! Julien !

Sur les deux plates-formes, les Cougars se mettent à scander mon nom en riant. C'est à peine si j'entends le moniteur crier :

— Vas-y, Julien ! Prends ton élan !

Comment se donner un élan

avec des jambes molles ? Je
me laisse tomber dans le vide.
Suspendu comme un sac de pou-
belle hurlant, je suis emporté le
long du câble... trop vite, assez
vite, moins vite, encore moins
vite... plus du tout. Me voilà im-

mobilisé, accroché au-dessus du vide, à mi-parcours. Ça me coupe le sifflet tout net. Je regarde en bas. Je cherche le sol entre les branches. Mes yeux le trouvent, tellement éloigné que je me remets à hurler.

« Julien ! Julien ! » scandent toujours les autres en riant de plus belle. Un moniteur les fait taire et crie :

— Calme-toi, Julien ! Respire lentement !

Je lève les yeux vers la plate-forme d'arrivée. Dressé tout au bord, le moniteur s'efforce de me sourire. Derrière lui, Lucie, Samir et surtout Gabrielle ont les yeux braqués sur moi. Ça me recoupe le sifflet tout net.

— Prends le câble avec tes mains et fais-toi pivoter sous le crochet, dit le moniteur. Tu dois

te retrouver face à la plate-forme de départ.

J'obéis en tremblant comme une feuille.

Devant moi, l'autre moniteur m'annonce que je dois maintenant me faire glisser le long du câble, en me poussant vers l'arrière, avec la force de mes bras. Quelle force ? Je n'en ai plus, de force, après ce long parcours d'hébertisme !

Les larmes aux yeux, je commence à mettre une main derrière l'autre, comme si elles étaient des pieds marchant à reculons sur une corde. Un escargot avancerait plus vite que moi. Maman dirait que j'ai « les bras morts », mais ceux-ci me font trop mal pour que je les croie vraiment « morts ». Beaucoup trop mal.

Impossible de continuer ! Mes pauvres bras retombent tout mous de chaque côté de mon corps-sac-poubelle. Le moniteur crie :

— Si tu n'es plus capable, il faudra aller te récupérer. On a une grande échelle.

Oh, non ! Pas ça ! Je m'imagine, décroché comme un pantin... Plutôt mourir de fatigue que de honte ! En grimaçant, je relève

les bras. Une main après l'autre, je me remets à reculer vers l'arrivée. Tant pis pour la douleur !

Une petite voix s'élève soudain dans mon dos. Elle scande, sans rire et avec beaucoup de détermination : Julien ! Julien !

Je reconnais la voix haut perchée de Lucie. En face de moi, sur la plate-forme de départ, je vois Mégane commencer à ta-

per du pied en scandant mon nom à son tour. Bientôt, tout le monde s'y remet. Avec sérieux, cette fois ! C'est fou, mais on dirait que ça me donne de l'élan, encore et encore… jusqu'à ce que je sente deux grosses mains m'empoigner par derrière. Je l'ai fait ! J'ai réussi !

Lucie, Samir et Gabrielle me donnent l'accolade. Je ne peux pas m'empêcher de sourire. Même quand Steve et Mégane font ensuite la même traversée que moi, à la vitesse de l'éclair ! Je sais, au fond, que je viens d'accomplir un plus grand exploit qu'eux.

Mon sourire fond pourtant. Il faut bien la redescendre, cette plate-forme d'arrivée ! Retour à la case départ...

Heureusement, ce sera la dernière épreuve et elle ne demande pas de force. On doit s'asseoir sur une sorte de balançoire ronde accrochée au bout d'un long cordage... et se jeter de nouveau dans le vide !

Ça ne demande pas de force, mais ça demande une méchante dose de courage. Samir se porte volontaire pour y aller le premier.

Gabrielle l'applaudit. Il s'élance vers le bas, emporté au bout de sa corde, jusqu'à ce qu'il se balance, à un mètre du sol. Son joyeux Yahoooouuuuu ! s'étire pendant qu'il va d'avant en arrière, de moins en moins haut. Quand un moniteur le détache, Samir bondit sur place, les bras levés au ciel en poussant des hurlements de loup.

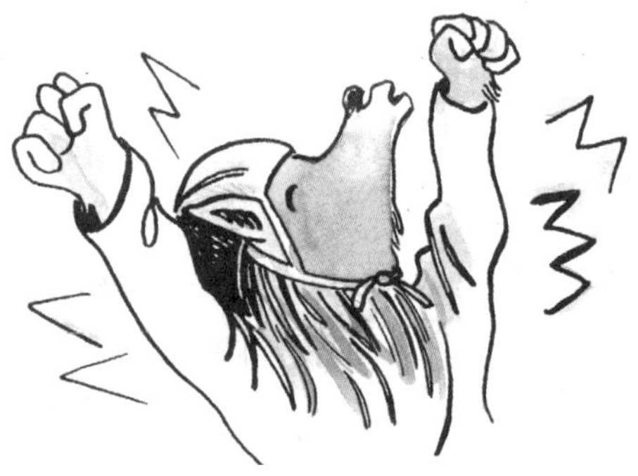

Moi, j'ai l'estomac tout retourné avant même de sauter. J'ai beau laisser passer les autres, mon tour finit bien sûr par arriver. Les yeux fermés, je saute en poussant un cri qui n'a absolument rien de joyeux. Le cœur me monte dans la gorge. Puis il y fait du yo-yo tout le temps que je m'agite comme un pendule.

Je ne remarque même pas que mon manège s'arrête. Les moniteurs doivent m'aider à me remettre sur mes pieds. Autour de moi, le terrain bouge comme si j'étais en bateau sur une mer déchaînée. Je vois Gabrielle s'approcher. J'ouvre la bouche, pour la mettre en garde. Mais c'est mon dîner qui en sort, éclaboussant mon amie.

Gabrielle a voulu me tuer du regard, c'était évident. D'une certaine façon, elle a réussi, même

si j'ai encore l'air vivant. Depuis, j'ai l'impression de ne plus exister pour elle.

Nous prenons maintenant notre dernier souper à la cantine du camp. Elle s'amuse avec Samir, à une autre table. Moi, je suis assis à côté de mon nouvel ami Jérémie. Je peux lui confier ce qui m'est arrivé aujourd'hui. Je sais qu'il ne rira pas de moi. Quand son équipe a fait le parcours, il a eu très peur, lui aussi.

— Ne t'en fais pas, Julien. Je ne voulais pas te le dire, mais moi, j'ai fait encore pire à la tyrolienne.

Mon ami penche la tête et il balbutie :

— Ils sont venus me chercher.

— Oh, non ! Pauvre toi !

— Bah… C'est certain que je ne m'en vante pas. Mais tu sais, ils sont aussi allés récupé-

rer Jessica Moreau, sur la dernière plate-forme. Elle n'a jamais été capable de se lancer pour le saut pendulaire. Puis chez les Caribous, Xavier Lacasse a dû se pousser avec les mains, comme toi. Ça fait bavasser les autres. Mais je me dis que, dans deux semaines, tout le monde aura oublié. Qu'est-ce que votre équipe fait, demain matin ?

— La randonnée nature. Enfin, quelque chose de tranquille et d'instructif !

— Chanceux ! Nous autres, on fait la course à obstacles.

— Au moins, la boue a séché. C'est pas comme pour n...

Ah ! Une balle de patates pilées explose en pleine figure de Jérémie ! Un autre vole au-dessus de ma tête, alors que j'entends Nathan hurler :

— Bataille de bouffe !

En moins de deux, je me jette sous la table. J'entends les cris des élèves, puis ceux des moniteurs et des professeurs qui tentent de ramener le calme. Je vois des jambes sauter, courir. Je vois des pattes de chaises et de tables. Je ne vois personne d'autre que moi, caché entre elles.

La tête entre les genoux, je suis bien obligé de l'avouer : je suis un peureux.

Chapitre 3

Le cheval emballé

On dit que les meilleures choses ont une fin. Par bonheur, les pires aussi. Après le déjeuner, nous retournons dans les chalets pour faire nos bagages. Puis chacun rejoint son équipe pour la dernière activité de la classe verte.

Cette fois, les Cougars sont jumelés aux Castors pour une randonnée sur le Sentier de la nature. Nous sommes douze, mais je ne vois que Gabrielle. Elle est plus belle que jamais dans sa robe rose. Surtout avec le foulard assorti, plein de petites étoiles brillantes. Elle l'a jeté librement autour de son cou, comme un voile de princesse indienne. Je ne suis pas le seul à l'avoir remarqué. Steve se met à secouer le bout du foulard en riant :

— Où tu t'en vas de même, la Belle au bois dormant ? Au bal ?

Lucie échappe son petit rire méchant. Moi, je cherche quoi dire pour venir à la rescousse de ma blonde. Peut-être qu'elle recommencerait à me regarder... Mais Samir réplique déjà :

— Est-ce qu'il faut avoir l'air d'un ours mité pour aller en forêt ? Dans ce cas-là, y a que toi qui passes, Steve.

Gabrielle remercie son prince charmant d'un beau sourire. Avant que Steve réagisse, monsieur Éric demande le silence. Il nous présente Lucas, le naturaliste. Puis le groupe s'ébranle à leur suite.

Mon coeur est si lourd à porter que je traîne les pieds. Lorsque nous pénétrons dans la forêt, je ferme la marche. Ça ne m'empêche pas d'entendre le naturaliste. Il veut qu'on s'émerveille devant les différents bourgeons qui pointent un peu partout. Je m'en fiche, des bourgeons. Entre mes deux oreilles, il n'y a de la place que pour une seule question. Gabrielle me sourira-t-elle de nouveau ?

Je le veux, en tout cas. Et quand je veux quelque chose...

— Vous entendez ce grondement ? crie maintenant Lucas.

On dirait un tonnerre lointain, qui roulerait sans fin. Le bruit grossit à mesure que nous avançons. Il devient assourdissant quand nous atteignons notre premier arrêt : une plate-forme surplombant une grosse chute !

Des Oooooh ! et des Aaaaah ! se perdent dans les vapeurs qu'elle soulève. Je me faufile jusqu'au parapet, afin de mieux voir. Le torrent se jette au fond

d'un précipice où il se fracasse contre de gros rochers. L'eau affolée fait des vagues et des tourbillons. Elle bondit par-dessus des arbres tombés et s'élance à toute allure entre de hautes parois rocheuses.

Lucas explique comment la rivière a creusé le roc si profondément. Il dit que ça lui a pris des millions d'années.

— Le Sentier de la nature n'est séparé de ce canyon que par quelques mètres. Aussi, je vous demande de ne pas le quitter. Et surtout, ne vous approchez jamais du bord ! Vous comprendrez que c'est trop dangereux.

Le petit groupe reprend sa marche avec Lucas et monsieur Éric. Je choisis de rester derrière. Ça me permettra de suivre Gabrielle des yeux. Malheureuse-

ment, le sentier est assez large pour deux et Lucie s'obstine à me tenir compagnie.

Le vent nous emporte des bouts de réponses que donne le naturaliste aux questions de monsieur Éric... Ça parle de mousse, de lichens, de champignons ou d'oiseaux. Pas facile à suivre, avec Lucie qui jacasse tout le temps. Je devrais lui dire de se taire. Ou fuir en courant. Mais ça me demanderait un peu d'énergie. Et j'en ai moins qu'un peu.

Devant nous, Steve ramasse des cailloux qu'il fait sauter dans sa main avant de les lancer vers la rivière. Soudain, mes sens sont aux aguets. Gabrielle s'est arrêtée pour attacher son soulier. Le groupe s'éloigne, tandis que Steve s'approche d'elle. Je presse le pas. Si je la rejoins juste au moment où elle repartira, nous pourrons continuer le chemin ensemble, l'air de rien. Je pourrais d'abord lui dire quelque chose de gentil, comme...

Steve ne dépasse pas Gabrielle. Il se plante au-dessus d'elle et tire sur son beau foulard brillant. Un court instant, on dirait qu'un papillon déploie ses ailes roses entre les gros doigts

de l'hippopotame. Puis il prend son envol, tout léger.

Gabrielle saute sur ses pieds et fait quelques pas pour rattraper son foulard. Mais le vent souffle fort et l'emporte déjà au-dessus du torrent. Le tissu arrête sa course et flotte un moment en l'air, comme un cerf-volant.

Lucie et moi avons rejoint

Gabrielle et Steve. Ensemble, nous regardons le foulard faire de longues spirales rosées. Il descend doucement vers un énorme pin tombé d'une rive à l'autre du canyon. On dirait un pont jeté par-dessus le ravin. Oh ! Le foulard s'accroche à une des branches ! Il reste coincé là, presque de l'autre côté...

— Ma mamie me l'avait rappor-
té de son voyage en Inde, pleur-
niche Gabrielle. Je ne pourrai jamais en avoir un autre comme ça.

— Tu pleures pour rien, déclare Steve. Julien va aller te le
chercher. Hein, Julien ? Après
tout, c'est le foulard de ta blonde.
Ah... Mais non, j'oubliais... Tu es
bien trop peureux !

Je m'en vais rétorquer que ça n'a rien à voir avec la peur. Qui serait assez fou pour s'aventurer sur un tronc d'arbre, à des mètres au-dessus d'une rivière démontée ? Mais il y a toujours quelqu'un qui parle avant moi. Cette fois, c'est Lucie qui s'écrie :

— Tu sauras que Julien n'est pas peureux ! Au cours de natation, l'année dernière, il a sauté du plus haut tremplin. Il a même perdu son maillot de bain.

Ça, elle n'était pas obligée de l'ajouter. Steve rit, même si elle lui fait de gros yeux. Pauvre Lucie, elle a toujours pensé que j'avais fait ça pour l'épater. Mais c'est Gabrielle qui m'avait donné ce courage insensé, pas elle !

En tout cas, Lucie peut dire ce qu'elle veut. Ma belle s'en fout. De tout évidence, elle n'attend

absolument rien de moi. Tout en se mordant les lèvres, c'est Samir qu'elle cherche des yeux. Il s'est arrêté avec le groupe, un peu plus loin. Tout le monde est penché au pied d'un gros rocher. Personne ne regarde par ici. Gabrielle garde pourtant la tête tournée dans leur direction. Elle trépigne en espérant que son

nouveau prince charmant s'in-
quiète pour elle. Que croit-elle ?
Que lui seul irait lui chercher ce
foutu foulard ?

Soudain, son attitude me
fait l'effet d'une violente piqûre.
Comme un cheval emballé, je
quitte le sentier pour dévaler vers
le bord du précipice. Julien Potvin
est trop peureux pour aller récupérer ce bout de tissu ? Vraiment ?
Eh bien, vous allez voir !

La petite voix de Lucie conti-
nue de claironner :

— Julien est seulement pru-
dent, c'est... Julien ! Non, Julien !

Maintenant, la voix surai-
guë s'éloigne, hachurée par la
course :

— Monsieur Éric ! Monsieur
Éric ! Vite ! Julien...

Le reste se perd dans le vacarme de la rivière bouillonnant au pied de la falaise. Je me trouve tout en haut, sur la corniche où le pin appuie ses racines. On dirait des serpents noirs qui s'emmêlent en un grand cercle dressé loin au-dessus de ma tête. Je me faufile entre elles pour me glisser sur le tronc. À quatre pattes, j'emprunte ce pont étroit, les yeux rivés sur mon trophée rose.

Chapitre 4

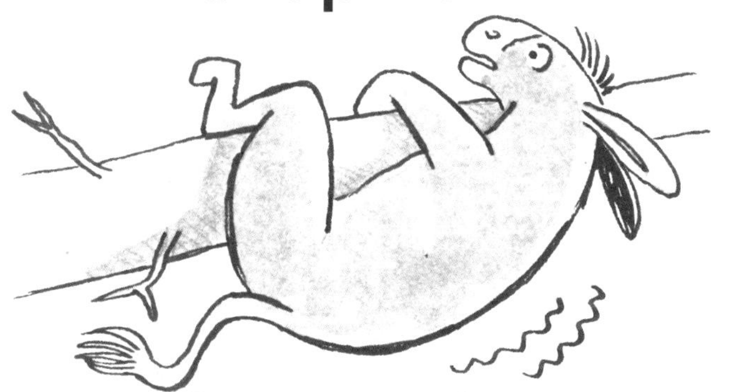

L'âne acrobate

Lucie a raison. Je ne suis pas vraiment peureux. À condition d'avoir une bonne raison, je peux surmonter les pires craintes. J'ai bravé les dents de crocodile de madame Odile. J'ai été capable de monter sur le plus haut tremplin, à la piscine. J'ai affronté un ours pour sauver ma soeur. J'ai sonné chez Édouard pour m'excuser...

Comme me l'a expliqué maman, la peur est un mur. Si on veut voir ce qui se cache derrière, il faut l'escalader. Je l'ai souvent fait. Mais cette fois, c'est différent. On dirait que je me suis jeté en bas du mur, sans réfléchir. Et me voilà qui avance comme un âne vers sa carotte.

Si j'ai sauté sans réfléchir, les idées se bousculent maintenant dans ma tête. Elles passent à toute vitesse, tandis que mes genoux et mes mains progressent lentement, le long du tronc. Je ne dois surtout pas penser à la rivière qui se déchaîne, tout en bas ! Bon, je viens d'y penser...

Monsieur Éric hurle :

— Julien ! Reviens tout de suite !

Je devrais l'écouter et faire demi-tour. Mais les ânes sont têtus.

Et puis je me rends compte que je n'ai pas de marche arrière. Une fois que je suis lancé dans quelque chose, plus moyen de reculer !

— Si c'est comme ça, je vais

— Si c'est comme ça, je vais aller te chercher ! crie encore Éric.

Bientôt, je l'entends lancer des gros mots qu'on n'a pas le droit d'utiliser à l'école. Des pierres cognent contre la paroi de la falaise. Elles dégringolent trop longtemps avant de faire plouf ! En tremblant, je me force à tourner la tête. Éric a dû glisser sur la pente qui va du sentier au bord du gouffre. Heureusement, il s'est retenu aux racines du pin. Je le vois s'en dégager et remonter péniblement vers le groupe. Tous sont alignés le long du talus, de façon à ne rien manquer de mon spectacle. Lucie s'avance les mains jointes. Elle s'écrie en pleurant :

— Je t'en supplie, Julien ! Reviens !

À côté d'elle, la Belle au bois dormant se contente de porter la main à sa bouche. Pourquoi ne me demande-t-elle pas de revenir, elle ? Pourquoi n'a-t-elle pas envoyé promener Steve, tout à l'heure ?

C'est clair, je lui en veux. Une sorte de rage me pousse finalement à avancer. Les filles sont insupportables. Toujours à se prendre pour des princesses ! Et pourquoi les garçons se croient-ils obligés d'entrer dans leur jeu ? Pourquoi font-ils les braves à leur place ?

Le foulard n'est pas si loin.

Mais le tronc s'amincit à mesure que je m'approche de la première branche où il s'ac-croche.

— Stop ! crie de nouveau Éric. Ne bouge plus Julien ! Attends là ! Des secouristes vont venir !

Et puis quoi, encore ? Je m'assois à califourchon sur le tronc. J'avance sur les fesses en prenant appui sur mes bras. Dire qu'ils me faisaient déjà mal, après mes prouesses d'hier ! Plus que quelques mètres à parcourir. Encore, encore, j'y suis presque. Il n'y avait pas de quoi se mettre dans de pareils états. Après tout, ce...

Un craquement sec me fige le sang dans les veines. Sur la rive, en face de moi, la cime du pin se met à bouger... Elle plie et... elle commence à descendre le long de la falaise ! Ses branches frottent contre la paroi et ralentissent sa chute. Mais elles éclatent, l'une après l'autre. Soudain, plus rien ne retient la tête de l'arbre. Il bascule très vite ! Je glisse le long du tronc. Puis un grand coup me désarçonne.

— Mamaaaaaaan !

Au bout de quelques secondes, je comprends que je ne suis pas mort. J'ai réussi à m'accrocher au tronc. Je m'y retiens de toute la force de mes bras. La rivière coule toujours à des mètres sous mes jambes pendantes. À ma droite, ce qui reste de la tête de l'arbre s'est coin-

cé entre deux rochers dressés le long de la paroi. À ma gauche, les racines sont toujours en appui sur leur corniche. Le pont tient bon, même s'il pique vers la mi-hauteur d'une des rives.

Je vois Éric et les autres faire de grands gestes, mais d'ici, j'entends à peine leurs cris.

Comment remonter sur le tronc ? Sans appui pour mes pieds, je n'ai pas assez de force dans les bras pour me soulever. Combien de temps un nul en gym peut-il tenir ainsi ?

Chapitre 5

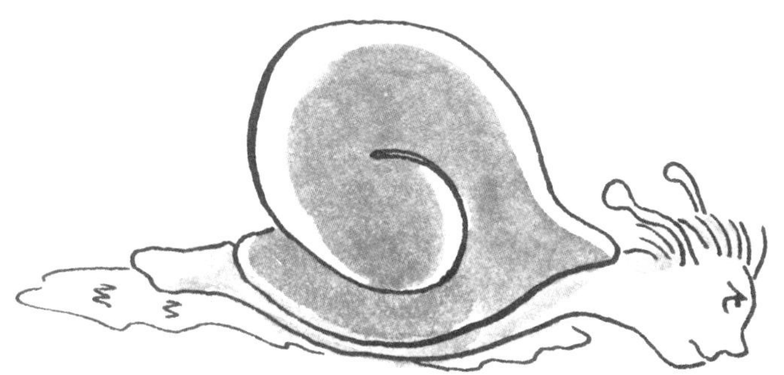

L'escargot entêté

Les premières branches du pin sont à moins d'un mètre à ma droite. Seuls mes bras et mes épaules peuvent m'entraîner vers elles. Petit à petit, ils arrivent à le faire. Je progresse le long de l'écorce, tel un escargot entêté tirant un poids trop lourd.

Enfin ! Je passe ma jambe droite par-dessus une branche, puis j'en empoigne une autre.

Je me hisse à califourchon sur le tronc ! Le foulard me nargue, juste sous mon nez. Je le détache avec une très forte envie de le jeter au vent. Mais je me retiens.

Il n'entre pas dans ma poche. Alors, je le noue autour de mon cou.

Aucun cri de victoire ne m'échappe. Non. Je pose ma poitrine, puis ma joue contre le tronc. Je reprends mon souffle. Les yeux fermés, je m'imagine tomber et partir dans le fracas des flots. Plus loin sur la berge, les Cougars et les Castors retrouveraient mon corps sans vie. Un drôle de garçon, étendu sur le dos avec un foulard rose au cou...

L'arbre craque de nouveau. Je dois vite retourner sur la rive. Il y a juste un petit problème : je ne suis pas assis dans le bon sens. Je dois changer de côté !

Ça n'a l'air de rien, dit comme ça, mais il y a des mouvements que je préférerais ne pas avoir à faire ici. Détacher mes mains de l'écorce, pivoter sur les fesses, faire passer mes jambes par-dessus le tronc, d'un côté, puis de l'autre... J'ai le coeur si serré qu'il va s'arrêter... Un tout petit déséquilibre et je bascule dans la rivière démontée !

Non, j'ai réussi ! Devant mes yeux embués, le tronc va en s'élargissant. Il grimpe tout droit vers la berge où m'attendent les autres.

Sans perdre de temps, je me tracte sur les fesses. C'est plus exigeant qu'à l'aller, puisque le pont monte cette fois en pente raide. Mais bientôt, il devient assez large pour que je puisse y avancer à quatre pattes.

À mesure que j'approche du but, des encouragements me parviennent :

— Vas-y, Julien ! T'es capable !

Et j'ai honte. Oui, je me sens vraiment idiot d'avoir fait une pareille bêtise. Il va y avoir des conséquences, c'est sûr... La pire, ce serait que ma mère l'apprenne ! Dans ce cas, je serais mieux mort que...

Oh, non, c'est pas vrai ! À quelques mètres devant moi, la terre se met à dégringoler sous les racines du pin et... la corniche se détache de la rive ! Collé au tronc, je chute de nouveau, tandis que mon coeur reste accroché au ciel. Un choc brutal me propulse dans les racines. Ma tête se cogne. Ouch !

Le temps de reprendre mes esprits, je me retrouve ballotté en tous sens. La souche où je suis niché se balance dans les remous. Elle cogne contre les rochers qui la retiennent au bord

de la rivière. De grandes gerbes d'eau m'éclaboussent.

Vite ! Je me dégage des ra-cines et je saute sur un de ces rochers. De justesse ! Dans un fracas épouvantable, le torrent

déloge le pin géant. Il l'englou-
tit, puis le recrache et l'emporte
sans ménagement...

Comme fouetté par ce spectacle, je me tourne vers la falaise
et je la parcours des yeux. La
tête d'Éric dépasse, tout en haut.
Il est sans doute étendu sur le
bord. Des bribes de paroles me
parviennent, malgré le vacarme
de la rivière.

— Reste... ...te cherch...

Je ne sais pas ce qui m'arrive.
C'est comme si j'étais traversé
par des décharges électriques.
J'ai la rage aux pattes. Il faut que
j'agisse !

Il y a moyen de grimper sur un
rocher plus élevé que le mien.
C'est simple. Un pied là, une
main là, puis là, là et là. Voilà.

D'ici, je peux atteindre cette
petite corniche, sur la paroi. Oui !

Il me suffit maintenant de glisser les pieds le long de cette faille pour monter plus haut. En plus, il y a de nombreux appuis où me retenir avec les mains. Facile !

Chapitre 6

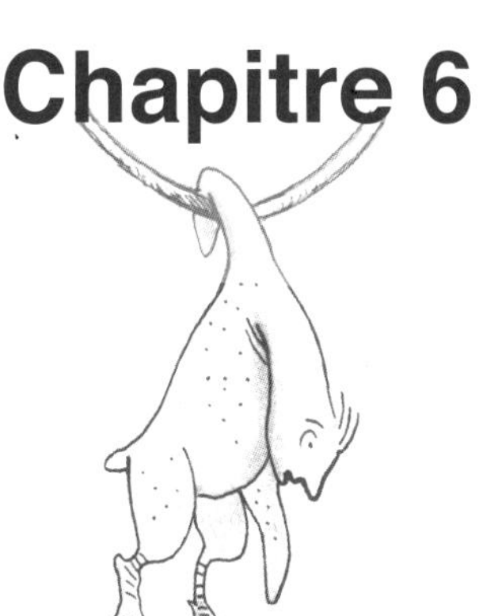

Le poulet désossé

Je suis une formidable machine à grimper. Mes yeux dépistent les meilleurs appuis qu'offre la falaise. Mes pieds et mes mains s'y posent aussitôt. Mes muscles me propulsent sans faiblir.

Des moniteurs apparaissent à côté d'Éric. Ils ont des cordes et me crient de rester tranquille.

Pourquoi ? Cette falaise n'est pas plus difficile à escalader qu'un escalier. Bientôt, mes sauveteurs oublient leurs cordes inutiles. Il ne leur reste qu'à tendre la main pour m'aider à prendre pied sur la berge.

Mon coeur va exploser. Les Castors et les Cougars crient de joie en tapant des mains. Le ciel tourne en emportant les arbres. Mes jambes cèdent. On dirait que je n'ai plus de squelette. Les moniteurs me retiennent de justesse.

Sans leur soutien, je m'écroulerais sur le sol, plus mou qu'un poulet désossé.

— Tu as eu une grosse poussée d'adrénaline, m'explique l'un d'eux en riant doucement.

— Une quoi ? ai-je la force de demander.

— Il s'agit d'une réaction de ton corps, face au danger. Il sécrète une hormone qui aiguise tes sens et te donne un surplus d'énergie. C'est une sorte d'arme invisible, qui aide à mieux combattre dans les situations périlleuses. Mais ça ne dure jamais longtemps.

— La poussée est finie ?

Cette fois, il rit franchement.

— Bel et bien finie, oui !

Je me laisse porter vers une civière. Ils ont prévu le pire... Pendant qu'on attache mes sangles, Lucie surgit à mes côtés, en larmes.

— J'ai eu tellement peur ! s'écrie-t-elle en me serrant les épaules.

Soudain, elle grimace et ses doigts s'affairent dans mon cou.

— Je vais t'enlever ce foulard. Ça ne te va pas du tout.

Je sens le tissu glisser. Gabrielle arrive à son tour.

— Tiens, prends ça ! lui dit sèchement Lucie. T'es contente, là ?

— M... merci, Julien, balbutie Gabrielle en rougissant.

Éric les écarte et me questionne :

— Qu'est-ce qui t'a pris, Julien ? C'est pas toi, ça, bon sang !

Je ferme les yeux. Justement, je l'ai fait parce que « c'était pas moi ». Cette semaine m'a enlevé le goût d'être moi.

— C'est la faute de Steve ! claironne la petite voix de Lucie. C'est lui qui...

Les moniteurs guident rapide-ment ma civière le long du sentier cahoteux. Les voix s'effacent derrière nous, remplacées par le chant des oiseaux, le bruissement du vent, le grondement de la rivière qui fuit dans l'autre sens...

L'infirmière m'examine sous toutes les coutures. À part une grosse bosse sur le front, beaucoup d'égratignures et un accroc dans le pantalon, je m'en tire bien.

Je mange mon dîner au lit. Monsieur Éric et madame Odile passent me voir. Je comprends qu'ils ont fait un sermon à tout le monde, et à Steve en particulier. Ils leur ont parlé de la différence entre la témérité et le courage. Ils leur ont ouvert les yeux sur la

stupidité de lancer certains défis...

— Tu comprendras, Julien, qu'on ne pourra pas laisser une désobéissance aussi grave sans conséquences. Lundi prochain, on ira ensemble en discuter avec madame la directrice.

— Oui, je comprends. Je regrette beaucoup.

— Je m'en doute ! s'exclame Éric. Tu sais, je me sens coupable, moi aussi. J'aurais dû mieux vous surveiller.

Ma bêtise l'a placé dans une terrible situation.

— Je te demande pardon, Éric.

Une larme s'échappe sur sa joue, tandis qu'il m'ébouriffe les cheveux.

— En tout cas, on est contents de t'avoir encore avec nous.

— Et en un seul morceau, ajoute Odile qui me sourit de toutes ses dents de crocodile.

— Tu n'aurais jamais dû faire ça, me confie Éric sur le ton d'un secret. Mais lorsque ça a mal tourné, tu t'es débrouillé comme un champion !

— Mon Julien est un petit garçon très courageux, déclare Odile. Il me l'a déjà prouvé.

L'infirmière vient nous re-joindre. Elle m'aide à descendre du lit.

— Ça va ? Ta tête ne tourne pas trop ?

— Ça va. J'ai même retrouvé mes os. Mais ils sont encore un peu mous.

Les trois adultes me regardent drôlement.

— C'est une façon de parler, dis-je pour les rassurer.

— Les autres sont déjà assis dans l'autobus, m'apprend

Odile. On y a placé tes bagages. Il ne manque plus que nous.

Ma prof m'entoure les épaules et m'entraîne vers l'autobus jaune qui attend. Elle me laisse monter devant elle. Des dizaines et des dizaines de têtes sont tournées vers moi.

Tout de suite, je remarque les places vides. Une à côté de Gabrielle qui me sourit enfin, son foulard autour du cou. L'autre à côté de Lucie qui lève vers moi des yeux pleins d'espoir.

Je ne peux pas m'empêcher de lui sourire, à elle. Elle retire aussitôt sa main posée sur la place libre. Quand je m'y assois, un murmure parcourt les rangées. C'est drôle, je me fiche complètement de ce que les autres peuvent penser.

L'autobus s'ébranle et nous emporte loin de la classe verte. Une voix chuchote à mon oreille :

— Tu dois être très fatigué, Julien. Si tu veux dormir, tu peux mettre ta tête sur mon épaule.

En effet, je suis très fatigué. Tellement que je ne me pose plus de questions. Mon dos glisse le long du dossier et ma tête trouve sa place contre l'épaule de Lucie. Collés comme ça, il me semble que nous avons juste un coeur pour deux.

Je ferme les yeux et je me sens heureux.

Danielle Simard

Petite, j'aurais préféré être un garçon. Mais pas n'importe lequel ! Je m'imaginais en valeureux chevalier ou en intrépide aventurier. Quel gaspillage de voir une personne telle que moi avec une poupée dans les bras !

C'est fou, non ? Qu'est-ce qui m'empêchait de jouer les braves ? Avais-je l'esprit tordu par toutes les histoires de princesses qu'on me faisait lire ?

En fait, je sais maintenant qu'être fille me donnait un avantage. Je ne me suis jamais sentie OBLIGÉE de me montrer brave. Et je pense que ça devrait être pareil pour tout le monde...

Caroline Merola

Un jour, en 4e année, deux vilaines filles se moquaient d'une autre et je me suis mise à rire avec elles. Je ne me souviens plus des raisons de la moquerie, mais je me souviens de mon sentiment : je voulais être du côté des plus forts. Des plus forts ? À trois contre un ?

Après coup, j'avais eu très honte de ma lâcheté et de ma méchanceté. Je ne me reconnaissais pas.

À la récré, j'étais allée m'excuser auprès de la petite fille. Ça m'avait demandé pas mal de courage ! Mais je me suis sentie mieux après, j'avais le coeur plus léger.

Je sais aujourd'hui que le courage se trouve dans toutes sortes de petits événements de la vie. Qu'il faut parfois faire différemment des autres. Et que oui, c'est pas facile d'être courageux !

Ta semaine de lecture avec…

Le champion du lundi

Julien est un élève modèle. Il recevra la médaille du Champion du lundi… mais cette médaille lui en fera voir de toutes les couleurs !

Le démon du mardi

Julien suit des cours de natation. Mais il y a aussi Lucie Ferland, qui se moque de lui tout le temps. Un cauchemar ? Sûrement, s'il n'y avait Gabrielle que Julien aime en secret… **3ᵉ position au Palmarès de Communication Jeunesse 2000**

Le monstre du mercredi

Odile place les élèves en équipe de deux. Julien se retrouve avec le monstre de la classe ! Comment se sortira-t-il des griffes de Steve ? **2ᵉ position au Palmarès de Communication Jeunesse 2001**

Les petites folies du jeudi

Julien et Michaël sont tous deux amoureux de Gabrielle. Michaël propose de lui acheter un cadeau. Julien n'a pas d'argent de poche. Suffit-il d'en avoir pour déclarer son amour ? **Prix Communication Jeunesse 2004, Grand prix du livre de la Montérégie 2004**

avec Julien Potvin

Le macaroni du vendredi

Julien doit faire un exposé oral démontrant ce qu'il réussit d'extraordinaire en dehors de l'école. Julien veut épater ses amis. Mais comment ? Un champion du lundi peut-il devenir la nouille du vendredi ? **Grand prix du livre de la Montérégie 2005**

Le mauvais coup du samedi

Julien est en colonie de vacances. Il s'amuse à jouer des tours et à faire des coups pendables avec son ami Cédric. Après un mauvais coup pas gentil du tout, Julien ne se reconnaît plus. Dans quel piège est-il tombé ? Comment fera-t-il pour redevenir lui-même ?

Pas de chance, c'est dimanche !

Une sortie en famille et voilà que les catastrophes s'accumulent. Chamaillerie entre frère et sœur sur la banquette arrière, visite de musée ratée: rien que des pépins. Les sorties familiales sont souvent une corvée, mais il est réconfortant d'être ensemble quand on est en panne d'essence et perdus dans la forêt.

UNE NOUVELLE SEMAINE QUI COMMENCE !

Lundi, jour de peur

La mère de Julien sera absente toute la semaine. Son père prendra la relève. Julien pense qu'il aura tout son temps pour rédiger sa recherche. Mais il se laisse tenter par toutes les activités exceptionnelles que son père propose. Le lundi fatidique arrive et Julien doit rendre son travail. Non seulement il n'a pas écrit une seule ligne, mais il se fait voler son sac d'école… Avec Julien, les catastrophes vont s'accumuler !

Mardi, jour d'Halloween

Que va faire Julien lorsque sa mère lui fabrique un costume de papillon pour l'Halloween ? Peut-il refuser de le porter pour le concours de déguisements de l'école ? Sa mère en aurait le coeur brisé. Elle est si fière de son oeuvre ! Cruel dilemme pour Julien...

Mercredi, jour de fête

Comme Julien est né quelques jours avant Noël, sa fête passe inaperçue. Et cette année, c'est pire : sa classe donne un spectacle le même soir. Julien veut absolument attirer l'attention. Après tout, cette journée, c'est la sienne ! Mais y parviendra-t-il ?

Jeudi, jour de jalousie

Julien vit de grandes émotions. Un nouvel élève arrive dans sa classe. Il lui prend sa place de petit préféré de madame Odile. Mais il y a pire : il lui vole aussi son meilleur ami ! Julien devrait-il se venger de cet Édouard Garnier-Roy ?

Ce livre a été imprimé sur du papier Sylva enviro 100 % recyclé, traité sans chlore, accrédité Éco-Logo et fait à partir d'énergie biogaz.

Achevé d'imprimer
à Montmagny (Québec)
sur les presses de Marquis Imprimeur
en juillet 2014